LÉON MAITRE

SAINT-SIMILIEN

OBSERVATIONS

SUR

l'Église & les Tombeaux

SORTIS DES DÉBLAIS DE 1894

NANTES

1897

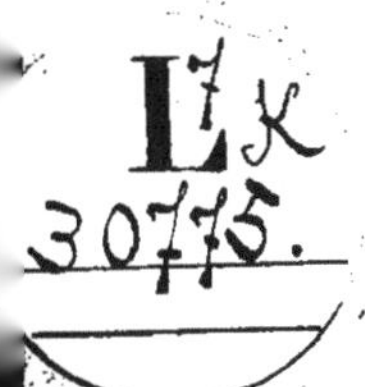

SAINT-SIMILIEN

LÉON MAITRE

SAINT-SIMILIEN

OBSERVATIONS

SUR

l'Église & les Tombeaux

SORTIS DES DÉBLAIS DE 1894

NANTES

1897

Pl. I.

PLAN DE L'ÉGLISE S^T-SIMILIEN DE NANTES

D'APRÈS LES FOUILLES DE 1894

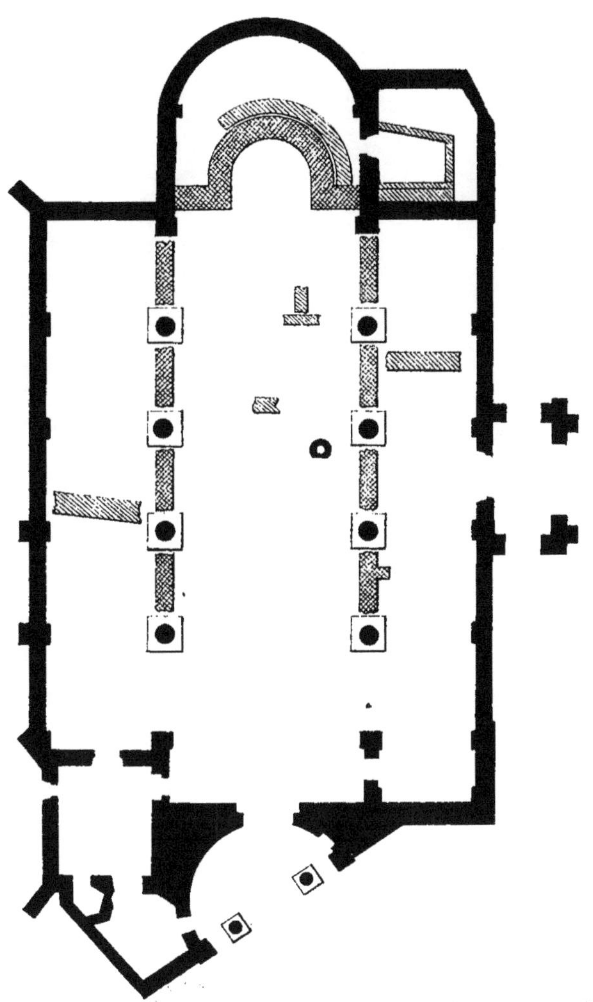

Murs de l'Eglise Gothique.......

Murs de l'Eglise Mérovingienne..

Murs indéterminés...............

Echelle de 0,0025 p. mètre

ÉGLISE SAINT-SIMILIEN
DE NANTES

RAPPORT ET OBSERVATIONS DE M. LÉON MAITRE

Archiviste du Département

SUR LES DÉBLAIS EXÉCUTÉS EN 1894

Le vieil édifice vient de faire place à un monument nouveau. Nous n'avons rien à regretter car il n'avait pas le moindre cachet architectural, pas le moindre ornement qui attirât l'attention. Sa longue nef, couverte d'un lambris, était supportée par des colonnes récentes (1834), d'ordre dorique, reliées entre elles par des arceaux en plein cintre, les bas côtés étaient percés de fenêtres banales, enfin l'autel appliqué à un retable de style néo-grec, soutenu par des colonnes en marbre noir, n'affichait pas plus de prétentions que le reste. L'ensemble était glacial, misérable et le mobilier de l'église était à l'avenant. Au dehors, l'entrée principale avait été masquée par un fronton grec, et le flanc sud qui s'allongeait devant la place, était percé d'une porte précédée d'un palier couvert dans le même genre, auquel on accédait par un escalier d'une vingtaine de marches. Et tout à côté s'élevait un immense calvaire en bois, planté dans un socle de maçonnerie carré. Je ne veux pas citer le nom de l'architecte qui a présidé à cette restauration de peur de faire tort à sa mémoire, je n'en parle que pour montrer combien les constructions les plus vénérables s'altèrent en traversant les âges,

Rien n'annonçait que cet édifice fût le temple chrétien le plus ancien de la ville, rien, pas même le parement inférieur de la muraille qu'on avait remplacé par de gros moëllons en pierre blanche. L'attention n'était tenue en éveil que par la tradition et par la présence de deux chapelles voisines, l'une érigée à saint Symphorien dans le cimetière, et l'autre, à saint Jacques, au Martray, double fondation pieuse qui ordinairement n'accompagne que les sanctuaires célèbres.

En bâtissant au nord le nouveau chœur, les terrassiers n'avaient rien découvert, en sorte qu'on pouvait douter de l'intérêt des fouilles futures, on avait seulement été frappé de l'élévation du carrelage au-dessus du sol naturel, même en tenant compte des déblais opérés au siècle dernier pour livrer passage à la nouvelle route de Rennes ; on avait aussi noté l'étendue du cimetière qui, après avoir envahi toute la place voisine, avait couvert tout le versant méridional du coteau, jusqu'à l'Erdre. Même en rétablissant le terrain à sa hauteur primitive, on constatait une surélévation considérable de tous les côtés, à l'inverse de ce qui s'est passé ailleurs, car généralement on descend dans les anciennes églises. Voyez plutôt la collégiale de Guérande. De même que le coteau domine la ville, l'église de Saint-Similien dominait son emplacement, semblable à ces reliquaires qu'on expose aux jours solennels sur des tréteaux d'honneur, ses murs tracés en rectangle allongé étaient les parois d'un colossal cénotaphe, un ossuaire énorme où reposaient les cendres de centaines de générations, les unes antérieures à Clovis, les autres postérieures.

Depuis le commencement de la nef jusqu'à la grille du chœur, il n'y avait pas un espace qui ne fût occupé par une sépulture en forme d'auge en pierre. Le spectacle fut curieux lorsque la muraille méridionale, attaquée dans toute sa longueur, s'écroula sous la pioche des démolisseurs et montra aux yeux étonnés des passants les entrailles de la vieille basilique pleine de monuments funéraires, rangés par étages

ÉGLISE SAINT-SIMILIEN DE NANTES

comme des livres sur les rayons d'une bibliothèque. Une pareille accumulation ne peut s'expliquer que par la présence d'une tombe privilégiée et cette tombe ne pouvait être que celle de l'évêque saint Similien, un contemporain de Constantin sans doute[1]. Les corps des saints ont toujours été des centres d'attraction pour les fidèles, la vénération qu'ils inspiraient peut se mesurer à la quantité de sépultures qui se pressaient autour d'eux. On tenait beaucoup à reposer à proximité de leurs restes dans l'espoir de gagner leur faveur et de forcer plus facilement la porte du séjour des bienheureux. Inclinons-nous respectueusement devant cette superstition naïve, puisqu'elle est en même temps une affirmation en faveur de la croyance à l'immortalité.

L'apôtre et le fondateur de cette paroisse a été certainement inhumé contre le chevet de l'église, derrière le maître-autel, comme saint Friard et saint Secondel à Besné. Ses contemporains du quatrième siècle ont déposé un premier rang de tombes, puis un deuxième, puis un troisième, ou, si l'on veut, chaque couche correspond à un siècle différent jusqu'au dixième. On devine le trouble qui s'ensuivit : le pavage était sans cesse bouleversé pour les inhumations. C'est alors que les Conciles et les Capitulaires défendent d'enterrer dans les églises, prohibition qui a été mal interprétée et a fait croire que la loi des cimetières était inviolée dans les temps mérovingiens. Une défense suppose un abus. Si on a défendu d'inhumer dans les églises, il faut en conclure que les prêtres et les fidèles avaient à se plaindre des conséquences de cette pratique[2].

[1] « Similianus tertius in catalogis vulgatis episcopus Nannetensium recensetur. Ejus autem corpus Christiani sepelierunt eo in loco ubi postea ipsius nomine ædificata est basilica. » *Ex Breviario Nannet.* (Lectione IV).

[2] Nullus deinceps in ecclesia mortuus sepeliatur. » (*Capit. de 797.* L. II, C. 159 et libro, V. C. 48). Voici les termes au concile de Nantes de 890.

« Prohibendum etiam secundum majorum instituta, ut in ecclesia nullatenus sepeliantur, sed in atrio, aut in porticis aut in exhedris ecclesiæ. » (Labbæi, *Concilia*, t. IX.)

Du reste, quand on a vu les fouilles du sous-sol de l'église Saint-Similien, il n'est pas possible d'admettre que ce champ d'inhumations ait commencé dans un milieu désert ; il a pris naissance d'abord dans un édifice chrétien, et de là s'est étendu sur toute la colline, à travers les terrains de la *Tombe Rouge* jusqu'au Bourgneuf.

Cette opinion n'est pas une pure hypothèse, elle repose sur une autre découverte non moins curieuse que la première. La même enceinte qui nous dérobait les sarcophages antiques voilait une ceinture de murailles qui furent démasquées peu à peu et montrèrent à tous les yeux les parements d'une église contemporaine des tombes, conservée à la faveur des remblais qui l'enveloppaient de toutes parts. La nef de l'église moderne en ruines était exactement la répétition de la nef mérovingienne, enfouie au-dessous d'elle : ses colonnes étaient établies dans l'épaisseur des murs mêmes de la première basilique qu'on avait rompus çà et là en creusant des puits de fondation sans toutefois déranger les intervalles. En approchant de la porte, on chercha en vain la trace des substructions de la première cloture qui fut enlevée lors de la construction du clocher du XIVe siècle, mais nous avons la certitude que la basilique s'allongeait au moins jusque sous la première colonne voisine du clocher.

Pour l'autre extrémité, il ne peut y avoir de doute, car on a démoli sous nos yeux la petite abside circulaire qui terminait l'édifice à l'orient. Cette dernière partie apparut incontestable quand on attaqua le chevet, par la rue de Belair ; l'abside qui enserrait le maître-autel voilait une autre abside qui avait le même axe et dont la maçonnerie restait debout sur une hauteur d'un mètre, appareillée de la même façon que les murs latéraux découverts au début des travaux. Ceux-ci avaient parfois deux mètres de hauteur.

Comme on attaquait les uns et les autres de front, il était facile de juger de l'aspect des parements et de se rendre compte des remaniements et des superpositions.

La nef enfouie, élevée sur des murs de 1m10 d'épaisseur présentait tant de solidité, malgré sa maçonnerie en petit appareil, qu'elle put servir de support à l'édification d'une église supérieure, au XVe siècle. Pour être exact, il faut dire que l'abside bâtie avec une épaisseur de 1m30 paraissait faite de petits matériaux assemblés sans précaution, noyés dans la chaux comme nos blocages, afin d'offrir une masse très résistante, et que la régularité de son parement n'était pas facile à apercevoir. En bâtissant les additions récentes, on avait ruiné le trait d'union qui joignait le chevet à la nef, cependant il ne semble pas douteux que l'une et l'autre de ces deux parties n'aient formé un tout, c'est-à-dire un seul et unique édifice, à l'origine.

Il ne paraît pas possible d'assigner une date plus récente au chevet demi-circulaire, ni de le considérer comme le reste d'une église romane, rebâtie après les ravages des Normands. Tous les édifices élevés sur ce sommet ont laissé des vestiges de leur architecture, et, parmi les ruines, on n'a pas relevé le moindre chapiteau ni la moindre moulure romane. Tout est plus jeune ou plus vieux.

Il n'était pas dans les habitudes anciennes de démolir complètement un édifice devenu trop petit, on l'utilisait souvent en l'englobant ou en l'annexant à un nouveau. C'est ce qui est heureusement arrivé à Saint-Similien lorsque la paroisse prit une grande extension au XVe siècle. La première église mérovingienne ne dépassait pas les dimensions de la nef moderne, c'est-à-dire l'espace compris entre les colonnes abattues dans le cours de septembre 1894. Alors, la partie haute fut renversée pour livrer passage à des bas côtés composés de murs ouverts en arcs brisés, qui furent conservés jusqu'en 1834, époque où le style grec prit la place du gothique.

Le fait de l'existence d'une église mérovingienne est trop important pour que nous n'insistions pas sur les signes d'antiquité qui nous ont frappé. Notre opinion s'est formée en examinant de près la maçonnerie des murs, leur position par rapport aux tombeaux qui sont datés par leur forme et leur matière, et au moment où nous cherchions un dernier argument pour nous convaincre, les ouvriers sont venus nous apporter des débris d'ornementation qui concordent parfaitement avec nos inductions, car depuis les observations faites dans les paroisses fondées, au VIe siècle, par saint Martin de Vertou, il est avéré que l'emploi de la terre cuite, comme mode de décoration, est une pratique mérovingienne.

Il n'y a pas d'erreur possible à ce sujet. Chaque époque a eu sa manière de bâtir, les maçons du temps de saint Louis ne travaillaient pas comme ceux du temps de Charlemagne. A défaut d'ornementation, nous consultons la qualité des matériaux, le mortier, le coup de truelle, l'appareil des pierres, et en accumulant ainsi les déductions, nous pouvons fixer l'âge d'une construction à un siècle près, témoin le Père de la Croix qui, par l'observation des mortiers, est arrivé à classer le temple de Saint-Jean de Poitiers dans les œuvres du VIIe siècle.

Nous avons à Nantes une œuvre du VIe siècle, c'est la chapelle de Saint-Etienne bâtie dans le cimetière de Saint-Donatien ; l'éminent archéologue de Poitiers l'a reconnu lui-même et son appréciation concorde non seulement avec l'observation ci-dessus, mais encore avec la tradition et l'histoire du diocèse, laquelle nous apprend que l'évêque Epiphane, en 506, rapporta des reliques de saint Etienne et les déposa dans ce lieu où il se fit inhumer.

Nous avons donc sous la main un terme de comparaison qui nous aidera à raisonner sur l'âge approximatif de notre église enterrée de Saint-Similien, sans parler du mur romain du IIIe siècle conservé rue d'Aguesseau. L'archéologie ne progresse que par les comparaisons. L'évêque Similien s'est établi à Nantes dans les mêmes conditions que les Apôtres à Rome, il a emprunté les appartements d'un riche patricien pour convoquer son premier auditoire, et il est à présumer que plusieurs de ses successeurs se sont contentés de cette installation provisoire qui n'était pas misérable tant s'en faut, si nous en jugeons par les ruines qui sont passées sous nos yeux à la fin des déblais.

Les murs bâtis en beaux matériaux étaient ornés de rangs de briques qu'on s'empressa d'imiter en élevant la basilique mérovingienne : il en restait une longueur de 1^{m},50 sur autant de hauteur, qui se montra parmi les sarcophages à l'intérieur de l'édifice enfoui, et ce fragment était relié à un autre moins soigné, plus récent, avec lequel il formait un angle. C'est le seul mur parallèle qu'on ait rencontré, les autres étaient perpendiculaires à la nef et n'offraient aucun caractère.

On avait respecté ces murs antiques, coupant l'intérieur en différents sens, pour séparer plus facilement les inhumations et créer des divisions conformes au goût des familles ; les prolongements qui nous manquent ont disparu sous la pioche des fossoyeurs. Cet usage de pratiquer des sépultures dans des ruines était répandu à l'époque mérovingienne puisqu'il en existe d'autres exemples. Le Père de la Croix a constaté le même fait dans le cimetière d'Antigny, et j'ajouterai, pour mon compte, qu'on trouvera des tombes de pierre encadrées dans des murs au cimetière de Saint-Donatien de Nantes, quand on le déplacera[1]. Au lieu de creuser le sol, nos ancêtres aimaient mieux l'exhausser dans les endroits qu'ils choisissaient pour en faire *le champ du repos*.

Maintenant, comment peut-on concilier l'introduction de tant de tombeaux avec la fréquentation des fidèles et les nécessités du service paroissial ? Il y a des explications qu'il faut écarter de suite. Nous ne sommes pas en face d'une crypte ou d'une église inférieure où se déposaient les défunts comme dans un caveau ; dans ce cas nous aurions rencontré des

[1] J'ai fait des fouilles sérieuses dans ce cimetière pour retrouver les fondations de la chapelle de Saint-Etienne. *Géographie histor. et descriptive de la Loire-Inférieure*, tome I, p. 489.

Tombeaux Mérovingiens

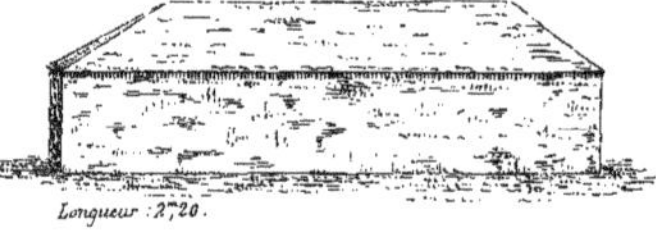

Longueur : 2m,20.

Longueur : 2m,20.

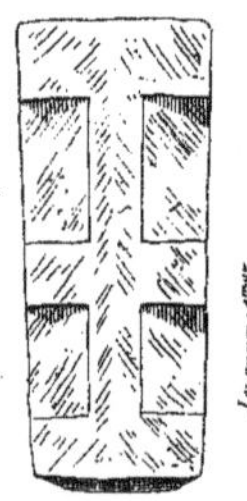

Longueur : 1m,85.

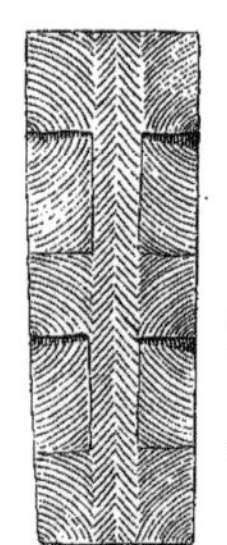

Longueur : 2m,15.

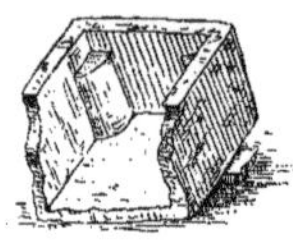

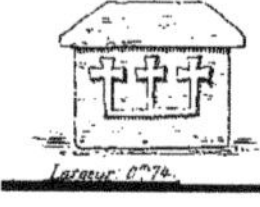

Largeur : 0m,74.

Sarcophages en plomb du IVe siècle et ampoules de verre

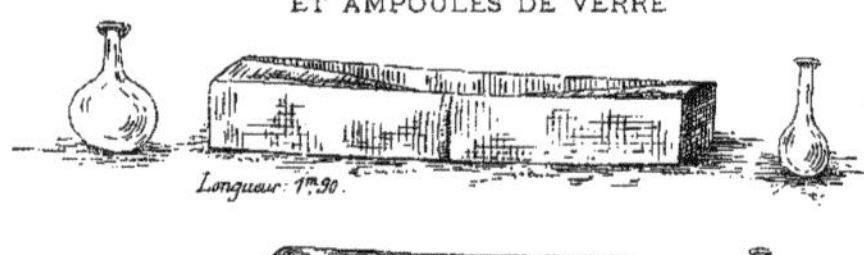

Longueur : 1m,90.

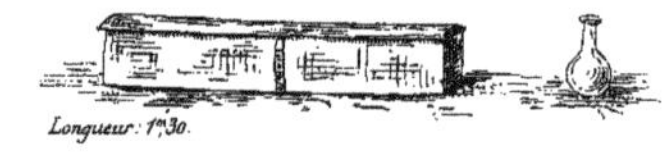

Longueur : 1m,30.

Couvercle de sarcophage du IVe siècle

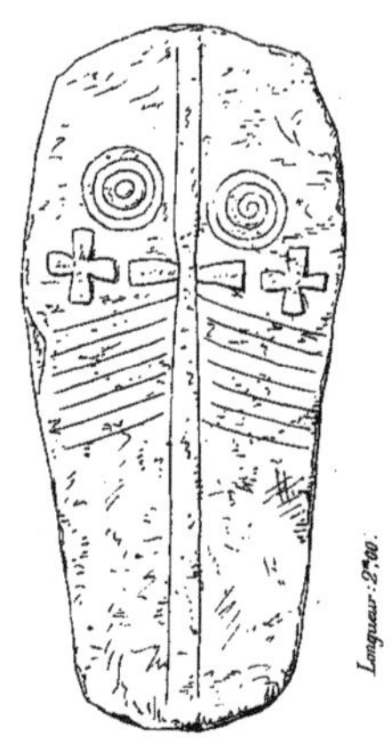

Longueur : 2m,00.

traces de voûtes ou de piliers. Il n'y a pas non plus d'apparence que l'église ait été bâtie après la fermeture du cimetière, car en traçant les murs à travers une nécropole préexistante, les ouvriers du VIe siècle auraient dérangé la symétrie des tombeaux, auraient brisé les auges ou les couvercles et nous auraient laissé dans le sous-sol des fragments nombreux, or nous n'avons rien vu de semblable. En dedans comme en dehors, les tombeaux étaient accolés le long des murs comme on place un objet précieux dans un coffret. La couche supérieure était la seule qui eut été violée, et cela devait arriver nécessairement le jour où l'usage d'inhumer dans les églises fut rétabli, aux XIVe et XVe siècles, au profit des fabriques en détresse.

Les choses se sont passées dans le principe comme dans les âges postérieurs : on n'a pas hésité à lever périodiquement le dallage de l'église pour y déposer ceux qui sollicitaient l'honneur de reposer dans le lieu saint, quoique cette tolérance fut gênante. On aurait renoncé aux commodités d'un carrelage et piétiné la terre nue plutôt que d'éloigner les défunts d'un abri privilégié. D'ailleurs, nos pères n'avaient pas plus la frayeur de la mort que les Anglais qui coudoient tous les jours les tombes de leurs célébrités dans l'église de Westminster, il est donc possible que nos sarcophages ornés de croix à trois branches et de stries aient été exposés à la vue des fidèles pendant un certain temps avant d'être descendus dans le sous-sol.

Les tombeaux de l'église enfoncée sont du même temps, les sépultures n'ont été accumulées là par étage, que par suite de la présence d'un édifice spécial, d'un lieu consacré au culte, représentant une sorte d'hypogée de famille pour la paroisse. Dans un emplacement ordinaire, à ciel ouvert, les tombes auraient formé des couches également horizontales, tandis qu'ici elles étaient entassées, un peu au hasard sur des plans différents, bien qu'elles fussent orientées ; tantôt elles se touchaient, tantôt elles étaient séparées par des décombres. Il est à noter que les intervalles renfermaient des débris gallo-romains, des tuiles de fêtage, des piliers de calorifère carrés et ronds. J'ai ramassé un fragment d'aire composée de briques concassées, et des enduits lisses de si grande étendue qu'on avait pu recouvrir tout un tombeau d'une façon très horizontale.Sur le couvercle d'un sarcophage inviolé le ciment rouge avait été étalé en grand, sur toute la longueur, comme si on avait voulu le cacher ou en faire la base d'un édifice.

Le terrain ne manquait pas cependant aux alentours, il a été largement utilisé jusque dans le bas du coteau baigné par l'Erdre, mais il est bien évident que le point de départ de ce champ funéraire a été le sommet. Cette grande presse de sépultures accumulées sur tant de rangs superposés dévoile la présence d'un lieu vénéré dont le périmètre d'abord étroit s'est étendu peu à peu, pour satisfaire la dévotion des fidèles : c'est ainsi que le Bourgneuf a été lui-même envahi[1].

Au XVIIe siècle, les tombeaux étaient encore si apparents qu'on les montrait aux étrangers comme une curiosité. Le voyageur Dubuisson-Aubenay passant à Nantes, vers 1640, nous rend compte de l'aspect de ce quartier dans les termes suivants :

« Le coteau de la Neuve-Ville (est) appelé vulgairement le costeau ou quartier de Saint-Similien, à cause d'une grosse église ou paroice qui est là tout au ault dudit costeau située, et qui est la paroice de tout le fausbourg. Au-dessous du cœmetière, est un autre grand cœmetière, avec une petite chapelle de saint Symphorian jadis dépendante et annexe à la paroice, et au-dessous de laquelle, dans les jardins des tanneurs de cuirs, se voyent de très antiques sépultures et sarcueils de pierre de grain toute consommée et pourrie, et où il se trouve des corps ou os ayant tous la teste ou face tournée à l'orient, ce qui monstre qu'ils estoient chrétiens[2]. »

Quelques détails sur la matière employée pour la confection

[1] Nous l'avons vu nous-même quand on a agrandi l'usine à gaz en 1886.
[2] *Itinéraire de Bretagne*, ms. fr. 4375, nouv. acq. Bibl. Nationale.

des sarcophages, sur leur forme et leur décoration ne sont pas superflus pour déterminer l'âge du sanctuaire revenu au jour. On a découvert plus de 150 auges de pierre dure ou tendre. Les unes provenaient des carrières de Chauvigny près Poitiers ou des Charentes, les autres beaucoup plus communes étaient tirées du calcaire coquillier des Cléons (Haute-Goulaine), de Saffré ou d'Arthon et d'un gisement inconnu de calcaire rose. Quelques tombes, confondues avec les précédentes, étaient composées de six tables d'ardoise de Nozay et d'Auverné, assemblées en forme de coffre autour du squelette. Parmi les auges de calcaire, je n'en ai vu qu'une qui fût couverte d'une grande feuille d'ardoise monolithe comme les tombes mérovingiennes de Vertou.

La forme des sarcophages était quelquefois rectangulaire, le plus souvent les pieds étaient plus étroits que la tête. Les couvercles scellés au ciment rouge étaient tantôt bombés, tantôt disposés en forme de fêtage de toiture. Ces derniers, les plus nombreux, se trouvaient ordinairement dans les couches supérieures. Le granit de la Loire-Inférieure est très dur, cependant on n'a pas hésité à l'employer pour les sépultures et même à le sculpter. Nous en avons trois types différents. L'un, couvert d'un toit à double rampant, se compose d'une auge dans laquelle les quatre angles intérieurs sont consolidés par des quarts de cercle. Cette disposition se retrouve dans une autre auge de granit jetée sens dessus dessous et sans couvercle parmi les tombes de la couche inférieure. Comme elle est plus courte que les autres et qu'elle est presque carrée et assez profonde, on pense qu'elle a pu servir de cuve baptismale, ce qui n'aurait rien de surprenant, puisque saint Similien exerçait des fonctions épiscopales.

Mais l'exemplaire le plus curieux de ces tombes de granit, est un couvercle aux angles abattus, trouvé seul, au début des déblais, dans les terres remuées récemment. Il représente une longue croix étroite, à bras très courts, accompagnée en tête de deux petites croix pattées comme celles qui figurent sur les monnaies mérovingiennes. L'ensemble du dessin de ce couvercle a un aspect très archaïque qui n'est pas sans analogie avec l'ornementation du sarcophage, attribué à saint Francovée, que M. Ed. Le Blant, très expérimenté dans ces questions d'art, regarde comme un monument des premiers siècles chrétiens[1].

En raison de son antiquité, ce sarcophage aurait dû se rencontrer non pas au-dessus des inhumations, mais dans la couche inférieure. C'est une première remarque à faire ; ensuite, il est décoré avec plus de recherche que les autres du même temps. Pour qu'on l'ait classé à part et remué, il faut qu'il ait eu une valeur insigne, et que les fidèles aient sollicité la faveur de l'approcher. J'en induis, *à priori*, qu'il a dû être élevé de terre (comme on le faisait pour tous les corps saints) et exposé sur des piliers pour permettre aux malades et aux infirmes de se glisser dessous en sollicitant leur guérison par l'intercession du saint. C'est ce qui est arrivé, à n'en pas douter, bien que le curé Lebreton de Gaubert n'en dise mot dans sa notice sur la paroisse Saint-Similien[2]. Il cite un procès-verbal de 1620 constatant que le tombeau était vide à cette date, mais il ne s'inquiète pas des circonstances qui ont amené la disparition des reliques ni de l'authenticité du tombeau.

Nous avons, pour éclairer ce fait important, le témoignage d'un voyageur érudit, qui traversait Nantes, en 1640, et qui avait l'œil exercé à reconnaître les choses antiques. Il est allé dans toutes les églises de la ville et, dans son carnet de voyage, il a consigné ceci en visitant Saint-Similien :

« Au reste, ceste église fut là premièrement bastie du temps de *saint Sambin*, ainsy dit par corruption de Similian qui est

[1] Le Blant, *Sarcophages chrétiens de la Gaule*, p. 4, planche 1.

[2] Ce curé n'était pas un érudit, il n'a fait aucune recherche pour écrire son petit livre. *Manuel ou livre contenant différentes prières, instructions, la vie et les litanies de saint Similien, avec des notes historiques sur l'église de ce saint*, etc, par V. et D. messire René Lebreton de Gaubert. Nantes, 1773. 1 vol. in-12.

Similianus en latin, qui fut 3ᵉ évesque de Nantes et mourut, selon la liste de Charon, vers l'an 310, le XVIIᵉ de juin. »

« Il fut inhumé là où on voit son tombeau de *pierre de grain très antique*, élevé à hauteur d'homme sur piles de maçonnerie, dans une balustre de bois, dans la nef de ladite église, joignant un puits dont on boit l'eau pour les fièvres, par dévotion, et qui a une margelle de grain très dure et très antique. Au vitrail d'au-dessus, son martyre est représenté dont toutefois sa légende ne fait point de mention[1]. »

Le registre paroissial de 1668 nous apprend qu'à cette date la tombe du saint patron de l'église était toujours dans l'église, près de l'autel saint Michel[2]. Après, il n'en est plus question. Nous entrons alors dans une période de profanations où tout ce qui rappelle les souvenirs du passé n'excite que le mépris, où tous les monuments funéraires accumulés dans les églises par la piété des fidèles sont relégués dans les caves et dans les chantiers de moëllons, sous le vain prétexte de dégager les nefs et d'assurer la libre circulation[3].

Quand la Révolution française de 1789 éclata, il y avait 50 ans et plus que le scepticisme travaillait à moderniser nos églises et à faire disparaître tous les vestiges de la « *superstition du moyen-âge,* » sans penser qu'il détruisait des documents précieux pour l'histoire de l'Art en France. Le tombeau de saint Similien a disparu vers 1790, parce que depuis longtemps il n'inspirait plus aucune vénération. Voilà pourquoi ce couvercle qui est le sien, *j'en suis persuadé*, s'est trouvé isolé, mêlé aux décombres et séparé de son coffre.

[1] Bibl. nat., *mss. fr.*, *in-4°*, 4375, nouv. acq.

[2] Archives municipales, série GG. *Coll. de reg. de saint Similien.*

[3] Voir ce que dit Travers *Hist. de la ville et du comté de Nantes*, t. III, p. 486, à l'année 1733. Ce qui s'est passé à Nantes, se faisait aussi à la cathédrale de Paris, sous prétexte de réparer le dallage qui était mal nivelé, on brisait toutes les pierres tombales. Voir la *Vie du P. de Montfort* pour ce qui a été fait dans l'église de Cambon, au siècle dernier. *La vie de messire Louis-Marie Grignion de Montfort*, composée par un prêtre du clergé. Nantes, 1724, 1 vol. in-12 p. 143.

Quand on parcourt la série des sarcophages mis au jour dans notre chantier, on est frappé de peu de variété de l'ornementation et de la nudité des parois des coffres. Quand les couvercles sont décorés, ils portent le plus souvent la croix à trois branches, tantôt aplatie, tantôt en relief, avec des stries circulaires ou des hachures en feuille de fougère. J'ai vu retirer un très beau spécimen absolument nu, dont le fêtage était bordé seulement d'un bourrelet et se trouvait d'une largeur égale aux deux extrémités. Un autre sarcophage portait, à l'une des extrémités de l'auge, trois petites croix reliées par leur pied, dessin qu'on a rencontré à Rezé et dans les cimetières du Poitou. Un autre porte sur son flanc des moulures plates, annonçant qu'il a été creusé dans un morceau de frise en pierre calcaire, et son couvercle était différent des autres. Telles sont les particularités qui m'ont frappé dans le cours des travaux[1].

Le mobilier funéraire recueilli autour des squelettes est à peu près nul et pourtant plus de cent tombes ont été ouvertes. Pas d'agrafes, pas de boucles, pas de bijoux, si ce n'est quelques fils de laiton et des épingles courtes dont la tête avait été bourrée d'une pate de couleur. Les rares monnaies, que les amateurs se sont disputées, étaient peu reconnaissables. Il faut en conclure que les premiers chrétiens de ce quartier n'appartenaient pas à l'aristocratie.

En approchant du sol naturel, à 3^{m},90 au-dessous du carrelage, on a acquis la certitude qu'une partie de l'emplacement de l'église avait été occupée par un cimetière païen qui devait s'étendre au-delà de la rue de Bel-Air sur le versant méridional. Quand l'abside mérovingienne fut démolie complètement, on mit au jour, dans un schiste tendre qui semblait vierge de toute fouille, quatre tombeaux en plomb, égaux à peu près des deux bouts, contenant chacun une ampoule de verre et une tête entière de squelette. Leur position par rapport à l'axe de l'église, était Nord-Est Sud-Ouest. Cette trouvaille

[1] Voir quelques spécimens à la Vieille-Visitation.

rappela aux anciens du quartier qu'une sépulture du même genre avait été découverte dans les jardins de la rue Lenôtre, il y a quelques années. Chaque fois que le terrain a été remué pour une construction ou une plantation, des vestiges païens sont sortis de terre. Je n'en veux pour preuve que le bruit qui vint aux oreilles de Dubuisson-Aubenay, lorsqu'il passa à Nantes en 1640.

« Derrière l'église de Saint-Sambin, dit-il, et dans l'enclos de ce cimetière, en un petit jardinet à choux, fut l'année passée descouvert un caveau revestu de brique dans lequel estoit un sarcueil de lames de plomb et là dedans un corps en os seulement qui s'en allèrent à l'air en poucière. Le visage tourné à l'orient et tout autour dudit corps, il y avoit 7 ou 8 bouteilles de verre, de diverse grandeur et figure dont j'ay veu une aultre de plus d'un pied chacun, de demi-pié et plus de large, à 4 pans ou faces, ayant au-dessus desdits quarrés un petit col ou est son goulet et bouche.

« Elle est d'un verre espois comme le doigt et est gardée chez le sieur du Doué-Garnier, demeurant à une canonnade par dela la chapelle de Miséricorde, en une métairie ou maison des champs, paroice Saint-Sambin.

« Dans ces phioles, il y avoit de l'eau qu'ils estiment avoir été aromatique, et, à la vérité, il n'y a pas d'apparence qu'ils eussent mis là des bouteilles ou urnes vuides, et puisqu'il n'y avoit point de cendres à y mettre, il falloit que ce fust de l'eau de senteur, des baumes et des parfums ; autrement il faudrait dire que les bouteilles y ayant esté mises vuides, l'air épois du monument se seroit en elles converti en eau.

« Ceste façon d'ensépulturer un corps entier en terre est bien chrétienne, mais d'y mettre auprès de luy, à sa teste, à ses piés et à ses costés, des urnes et phioles de parfums, cela est romain et retient quelque chose du paganisme. »

La relation d'Aubenay est plus curieuse que nos dernières constatations, en ce qu'elle nous révèle la présence d'un caveau. Dans certains cas, le plomb était protégé par une maçonnerie de briques, et quand plusieurs tombes ainsi façonnées se mettaient au jour, les spectateurs étaient frappés par l'éclat rutilant de la fouille. L'événement s'est répété tant de fois sur le coteau de Saint-Similien que le nom de *Tombe rouge* lui est resté dans tous les titres de propriété, spécialement dans l'endroit occupé par l'abattoir. Ce que je pressentais en lisant ce nom étrange, se trouve donc confirmé par un témoignage incontestable[1].

Les déblais de Saint-Similien ont envoyé encore à notre musée autre chose que des sépultures, ils ont mis entre nos mains des débris de construction et d'ornementation qui nous fournissent les moyens d'indiquer d'abord comment l'église mérovingienne était décorée, et d'affirmer qu'elle a été précédée par un édifice qui n'était pas un temple. Lorsque les ouvriers ont attaqué les décombres entassés dans la maçonnerie du chevet circulaire et dans les alentours, ils ont étalé aux yeux des spectateurs une assez grande quantité de morceaux de terre cuite empâtés de chaux et de toutes formes, qui semblaient porter des traces d'ornementation en relief. En regardant de très près, et en les nettoyant, le doute n'était plus possible. Il était évident que les uns étaient des claveaux de brique qui avaient été employés dans des cintres et sur lesquels on avait moulé une croix latine accompagnée en chef d'un RO, de chaque côté, d'un alpha et d'un oméga. D'autres fragments réunis ensemble retraçaient une croix à six branches comme celles qui étaient sorties de l'église mérovingienne de Vertou, de grand et de petit module.

A côté de ces emblèmes chrétiens et parmi eux, se trouvaient des morceaux de terre cuite en forme de bande, portant en relief le moulage de figures d'un caractère absolument différent. C'étaient des femmes nues portant une corne d'abondance, des animaux à tête d'homme tenant en main

[1] Dans les observations faites pendant la construction du chevet, on a noté, au nord de l'église, des maçonneries de briques qui s'allongeaient en forme de tombe, une fois seulement, vers 1876.

Église Saint Similien

Fragments de décorations mérovingiennes

Les caractères mis au composteur ne seraient pas d'un bel effet. On pourrait coller un titre autographié tiré sur une petite bande de papier.

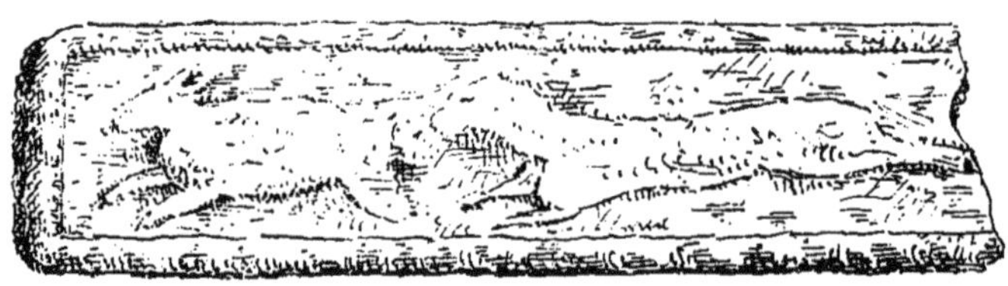

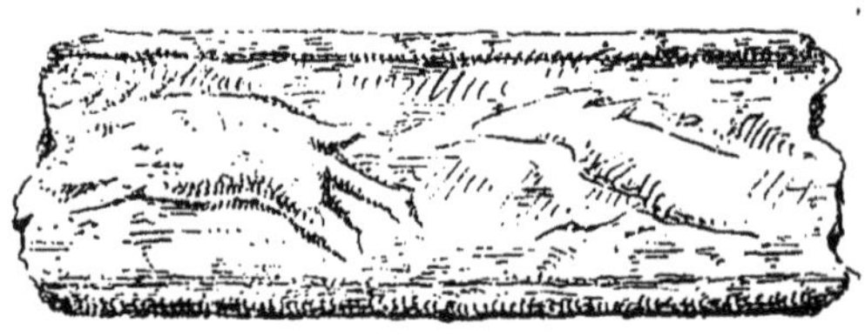

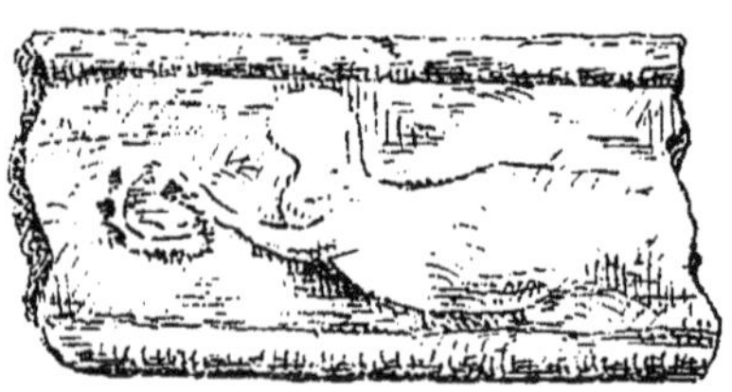

une couronne, des hippocampes, des lièvres et des sangliers poursuivis par des chiens, des animaux de basse-cour fantastiques, des coquillages marins, des guirlandes de fleurons et des flammes. Ce dernier groupe formait une série de dessins dont les traits et l'allure paraissaient parfois supérieurs à l'aspect de la série chrétienne. Je ne puis renvoyer le lecteur aux vitrines du Musée archéologique parce que le chantier ayant été ouvert à tout venant, chaque amateur s'est emparé des fragments qui lui convenaient. Il faut espérer qu'un jour ou l'autre, les détenteurs de ces débris de l'art ancien, comprendront que cette dispersion nuit aux études et qu'ils sacrifieront leurs préférences à l'intérêt général.[1]

La rencontre d'objets si différents dans des ruines qui paraissaient homogènes, après avoir excité l'étonnement, trouva ensuite son explication lorsque les déblais furent continués au nord de l'église, dans le terrain qui n'avait pas servi aux inhumations. Les ouvriers mirent à découvert des substructions pleines de briques assemblées pour former des piliers semblables à ceux des hypocaustes, des tuiles faîtières, des briques façonnées en demi-cercle, destinées à des colonnes, des fragments d'aire bétonnée, du ciment rougeâtre, des cendres, enfin tout ce qui accompagne les ruines de villas romaines. Il devenait alors évident que l'église de Saint-Similien avait été précédée par un édifice civil du IIe ou du IIIe siècle, dans lequel on avait employé la brique à profusion, et dont les matériaux avaient été réemployés par les chrétiens lorsqu'ils s'installèrent au sommet du coteau.

Les sujets profanes ont été longtemps associés aux emblèmes religieux dans la décoration des tombeaux et des monuments, surtout quand ils abondaient autour d'un centre chrétien[2]. Ici, les constructeurs n'ont pas eu la peine de fa-

[1] J'ai été obligé d'aller jusqu'à Montaigu pour trouver certains fragments et recomposer des figures. M. le docteur Mignen a mis ses photographies à ma disposition avec beaucoup d'obligeance. M. Dortel, avocat, a recueilli des fragments intéressants. M. Charles Perrion est l'amateur qui a la série la plus complète.

[2] Le Blant, les *Sarcophages chrétiens de la Gaule*, introd., p. 111.

briquer une grande variété de moules parce qu'ils étaient bien approvisionnés, ils se sont bornés à répéter çà et là le signe de la croix pour bien démontrer que le christianisme avait pris possession de ce sommet.

La maçonnerie de l'édifice enfoui dans les inhumations est absolument en harmonie avec le style des tombeaux. Dès que l'enveloppe gothique fut renversée, on aperçut entre les bases modernes de chacune des colonnes, des longueurs de murs présentant un parement en petit appareil, jusqu'à une hauteur de deux mètres, non pas l'appareil absolument régulier de la belle époque romaine, bien jointoyé, mais une imitation assez habile des procédés antiques. Malgré les reprises exécutées dans quelques brèches, on suivait parfaitement les assises horizontales et on y retrouvait la physionomie des petits moellons de la chapelle de Saint-Etienne, en Saint-Donatien, attribuée au VIe siècle. Les fondations étaient plus parfaites que les parties supérieures, elles étaient si résistantes, surtout aux approches du sanctuaire, que les ouvriers brisaient les pierres en les arrachant. Il en était de même de l'abside circulaire qui terminait le chevet ; elle semblait indestructible. On ne voyait dans le parement aucune chaîne de briques, cependant il est certain que le constructeur connaissait cet artifice. Le mur latéral du sud était soutenu dans un endroit par un reste de contrefort d'un mètre de haut qui contenait une ou deux fortes briques dans ses assises, et qui ressemblait à ceux de l'église de Saint-Barthélemy élevée sur des bains romains au IVe ou au Ve siècle. Il est donc possible qu'à Saint-Similien les parties hautes aient été seules décorées de briques, comme à Saint-Etienne, où la première chaîne est à deux mètres de hauteur.

Cet édifice ne peut pas être une construction païenne, appropriée au culte chrétien, il est certainement postérieur au IIIe siècle puisqu'il renfermait des ruines de cette époque et que d'ailleurs Saint Similien était compris dans la zône militaire où les Romains du quatrième siècle rasèrent tous les édifices suburbains qui pouvaient servir d'abris aux ennemis de l'Empire. Le sixième siècle, époque de la construction de la cathédrale, marque la fin du paganisme et de la puissance menaçante des Wisigoths. A la faveur des assurances de paix qui se manifestaient sous le glaive protecteur de Clovis, il est à croire que beaucoup de chrétientés sortirent de leurs édifices d'emprunt et érigèrent des églises dignes de ce nom. Il n'y a pas de raison de croire que les paroissiens de Saint-Similien aient devancé le mouvement général.

CONCLUSIONS

Le sommet couronné par l'église Saint-Similien était occupé, dès les premiers siècles de notre ère, par un édifice qui fut détruit puis relevé lorsque le christianisme apparut à Nantes sous l'épiscopat de saint Similien. La tombe de cet apôtre ayant attiré une grande affluence dans ce quartier, on fut dans la nécessité d'élever une véritable église, au VIe siècle, dont la forme représentait un rectangle allongé et terminé par une abside, le tout ayant environ 40 mètres de longueur. Ce sanctuaire devint un lieu de sépulture très recherché, le centre d'une paroisse populeuse qui demanda une nouvelle église plus vaste, au XVe siècle. Le style, la matière et la forme des tombeaux, les motifs employés dans la décoration des diverses constructions sont d'accord avec les déductions que nous tirons de l'aspect des substructions, et concourent à démontrer que pas une paroisse urbaine de Nantes ne peut invoquer autant de témoignagnes irréfutables de haute antiquité-

L'église qui vient de tomber reposait sur des assises mérovingiennes au milieu d'un cimetière tout à la fois païen et chrétien.

En finissant nous devons proclamer bien haut les services rendus à la Société Archéologique par M. François Bougouin, l'architecte si estimé et si modeste de l'église nouvelle.

Il a bien voulu prendre des notes précises pour nous éclairer, et donner des ordres pour que le chantier fût ouvert aux investigations. L'entrepreneur des travaux, M. Corgnet, s'est montré aussi très complaisant bien que les visites des curieux fussent quelquefois indiscrètes et souvent gênantes pour la marche des travaux. Il a droit, comme M. Bougouin, à tous les remerciements des amis de la science archéologique.

Vannes. — Imprimerie Lafolye, 2, place des Lices.

EXTRAIT

*du Bulletin de la Société archéologique de Nantes
et de la Loire-Inférieure*

(1896)

www.ingramcontent.com/pod-product-compliance
Ingram Content Group UK Ltd.
Pitfield, Milton Keynes, MK11 3LW, UK
UKHW021533260726
13993UKWH00004B/1976